Garfield

ALBUM GARFIELD #8

PRESSES AVENTURE

Publié par **Presses Aventure,** une division de
Les Publications Modus Vivendi inc.
55, rue Jean-Talon Ouest, 2ᵉ étage
Montréal (Québec)
Canada
H2T 1R8

Conception de la couverture : Marc Alain
Infographie : Modus Vivendi
Version française : Jean-Robert Saucyer

Dépôt légal, 1ᵉʳ trimestre 2005
Bibliothèque nationale du Québec
Bibliothèque nationale du Canada

ISBN : 2-89543-227-9

Nous reconnaissons le soutien financier du gouvernement du Canada par
l'entremise du Programme d'aide au développement de l'industrie de l'édition
(PADIÉ) pour nos activités d'édition.

Gouvernement du Québec – Programme de crédit d'impôt pour l'édition de
livres – Gestion SODEC

HEU! HEU!

VOILÀ DES PASTILLES CONTRE LA TOUX!

wham

ELLES SONT TRÈS EFFICACES!

TCHAC!

CE N'EST PAS DE BON AUGURE...

HÉ! HÉ! HÉ!

GARFIELD, DISONS QUE JE SUIS UNE SOURIS...

JE TROTTE DANS LE SALON. QUE FAIS-TU?

CONDUIS-MOI AU FROMAGE!

FÉLICITATIONS JANE! VOUS AVEZ REMPORTÉ LE PREMIER PRIX!

UNE SOIRÉE AVEC JON ARBUCKLE!

ELLE PRÉFÉRERAIT UN LAVE-VAISSELLE

RIPOSTE AVEC UN GRILLE-PAIN!

À QUOI SONGES-TU EN CONTEMPLANT PAREIL PAYSAGE, GARFIELD?

À UNE PIZZA!

ET CETTE COLLINE LÀ-BAS ME RAPELLE LA LASAGNE!

DU CAFÉ?

JE N'EN SAIS PAS PLUS QUE TOI!

JON AFFIRME QU'EN ME SAUVANT JE PEUX ÉVITER LA GYMNASTIQUE

HÉ! MINUTE PAPILLON!

REGARDE! JE T'AI APPORTÉ UN BEL OS À LA MOELLE!

JE LE POSE ICI, HORS DE TA PORTÉE

AMUSE-TOI!

JE M'INTÉRESSE AUX PIONNIERS

COMME MON ARRIÈRE-GRAND-PÈRE, OSLO!

IL A DÉPLACÉ SA FAMILLE À TRAVERS DES KILOMÈTRES DE TERRITOIRE INEXPLORÉ

ILS ÉTAIENT TRÈS BRAVES!

"J'ENTENDS UN OUVRE-BOÎTE", RÉPÉTAIT-IL

Le Réseau des chats présente le jeu préféré de tous....

Celui qui dort le plus longtemps emporte la cagnotte!

VIVE LE SPORT!

Z

CLIC

DIX-HUIT HEURES NEUF MINUTES

RETOURNE-MOI SUR LE DOS. JE PEUX FAIRE MIEUX!

COMBIEN J'AIMERAIS DORMIR!

MAIS TU DORS!

AH! CECI EXPLIQUE CELA!

Z

PIF

TCHIC

SCRONTCH
SCRONTCH

Z

JE DÉTESTE
LES
ARAIGNÉES!

LE DEGRÉ DE STUPIDITÉ EST SOUDAIN À LA HAUSSE!

J'AI HÂTE AU PRINTEMPS!

OÙ EST PASSÉ LE PAPIER D'ALU?

COSTUMÉ EN RESTES DE TABLE, GARFIELD?

CHUT! TU VAS EFFRAYER LE PAIN DE VIANDE!

LE CHAT DU LOCH NESS FAIT SURFACE...

JIM DAVIS 2-21

IL OBSERVE SON TERRITOIRE...

ET PRÉVOIT UNE CURE MINCEUR SOUS PEU!

TU AFFICHES UNE MAUVAISE ATTITUDE PAR RAPPORT À TON RÉGIME

AFIN DE MINCIR, TU DOIS Y METTRE DE LA VOLONTÉ

DUR DE VOULOIR MAIGRIR QUAND ON N'A PAS DE GARDE-ROBE À RENOUVELER!

JIM DAVIS 2-22

JON A RAISON! JE DOIS PRENDRE UNE ATTITUDE POSITIVE FACE À MON RÉGIME

JIM DAVIS 2-23

AVEC LE SOURIRE AUX LÈVRES...

ET LA MOUE DANS L'ESTOMAC!

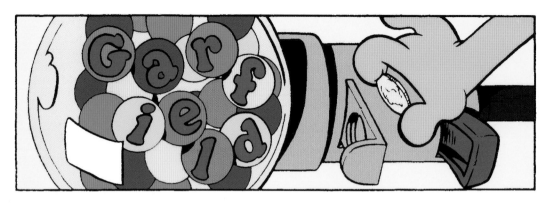

HELLO GROS LARD!

HELLO CHEMISE EN LAMBEAUX!

JAMAIS JE N'AI ÉTÉ EN MEILLEURE FORME!

MOI, SI!

JE PENSE L'AVOIR SURPASSÉ!

TU ES PARESSEUX, GARFIELD!

IL SE TROUVE QUE JE MÈNE UNE EXPÉRIENCE SCIENTIFIQUE

PARESSEUX, PARESSEUX,

JE VÉRIFIE LA LOI FONDAMENTALE DE LA PHYSIQUE...

PARESSEUX, PARESSEUX, PARESSEUX,

"UN CORPS AU REPOS TEND À LE RESTER!"

JIM DAVIS 2-26

MAINS EN L'AIR!

HA!HA!HA! HA! HA!

HI! HI! HI!

HO HA HA HA HO HO HO HO HOOOO!

HA HA HA HA HA HA

PAF PAF

HI HI HI HI... HO... HO... HI HI

HI! ...

GARFIELD!

MMMMMMM!

TU NE ME CAJOLES JAMAIS DE LA SORTE!

SANS VOULOIR T'OFFENSER, TU N'AS RIEN D'UN NOUNOURS!

T'ES ABRUTI, MOCHE ET, EN GÉNÉRAL, INSUPPORTABLE!

ILS ADORENT UN PEU D'ATTENTION!

badoumga!

BADOUMGA?

ODIE A BESOIN D'UNE MISE AU POINT!

27

QUE VEUX-TU FAIRE AUJOURD'HUI, POOKY?

PLOP

PAS TRÈS BAVARD, MAIS CHAPEAU! AU PLAN DES IDÉES!

JIM DAVIS 3-11

LES CHATS ADORENT JOUER AVEC UN SAC VIDE. TIENS! ESSAIE-TOI!

RIGOLONS-NOUS JUSQU'ICI?

TU VOIS?!

JIM DAVIS 3-13

JE PEUX PATIENTER, MON OISEAU...

TÔT OU TARD, TU DEVRAS SORTIR DE LÀ!

JIM DAVIS 3-14

PLOUP

DE LA CRÈME DANS TON CAFÉ, GARFIELD?

NAVRÉ! AI-JE OFFENSÉ TON SENS DE L'ESTHÉTIQUE?

Z

CLIC!

HÉ! JE REGARDAIS CETTE ÉMISSION!

ATTENTION! LÂCHEZ CE HAMBURGER! JE RÉPÈTE : LÂCHEZ CE HAMBURGER!

BIP BIP BIP BIP BIP BIP

UNE ALARME À HAMBURGER!

BIEN FAIT!

JIM DAVIS 3-18

J'APPELLE À L'AGENCE DE VOYAGES EN VUE DE NOS VACANCES...

JIM DAVIS 3-20

HELLO, DONNA? ICI JON ARBUCKLE. JE CHERCHE UNE DESTINATION SOLEIL À BON MARCHÉ... SUPER! C'EST ENTENDU!

FAIS TES BAGAGES, MON VIEUX! NOUS PARTONS POUR L'ÎLE DE GUANO-GUANO!

QUELQUE CHOSE ME DIT DE NE PAS Y ALLER

JE SUIS PRÊT POUR LES GRANDES VACANCES!

3-21

AS-TU BOUCLÉ TES MALLES, GARFIELD?

JIM DAVIS

LE TEMPS DE LE DIRE!

NOUS ENTRONS DANS UNE ZONE DE TURBULENCES...

ATTACHEZ VOS CEINTURES ET NE SONGEZ PLUS À MANGER!

NOUS VOICI ENFIN DANS L'ÎLE DE GUANO-GUANO!

VOILÀ UN INDIGÈNE! ALOHA, MONSIEUR!

ALOHA MON ŒIL!

EUH... IL DOIT S'AGIR D'UN SIGNE ANCESTRAL POUR ACCUEILLIR LES VISITEURS

NON, JE PENSE QUE C'EST UN SIGNE UNIVERSEL!

NOUS VOULONS UNE CHAMBRE, JE VOUS PRIE

RÉCEPTION

DÉSOLÉ, MAIS NOUS NE LOGEONS PAS LES ANIMAUX

RÉCEPTION

TRÈS BIEN! IL DORMIRA DANS L'AUTO!

RÉCEPTION

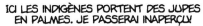

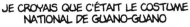

YAAAH!

JIM DAVIS 4.16

REPOUSSANT!

AFFREUX!

ET CETTE ARAIGNÉE N'EST PAS TRÈS JOJO!

PEUX-TU ATTEINDRE LA SOURIS, GARFIELD?

NON!

MAIS JE PEUX ATTEINDRE SON FRIGO!

JE FAIS CIRCULER UNE PÉTITION AFIN D'ÉVINCER LA SOURIS

JE SONGE MOI-MÊME À LA SIGNER...

OUI, LA NATURE PEUT S'AVÉRER CRUELLE!

PAF! PAF! PAF! PAF! PAF! PAF! AÏE! AÏE! AÏE! AÏE! AÏE!

EUH... GARFIELD!

PAF! PAF! PAF! AÏE! AÏE! AÏE!

OUI?

ALLEZ, SOURIS! LAISSE TOMBER!

PAS AVANT QUE TU N'AIES DIT : "S'IL VOUS PLAÎT"!

JIM DAVIS 4-22

SALE TEMPS AUJOURD'HUI!

PAS SI ON RESTE AU LIT!

JIM DAVIS 4-24

HÉ-HO! LES OISEAUX! VOULEZ-VOUS JOUER AVEC MOI?

JIM DAVIS 4-25

BIEN SÛR!

DÈS QUE NOUS AURONS MANGÉ CES GROS VERS JUTEUX!

LAISSEZ TOMBER!

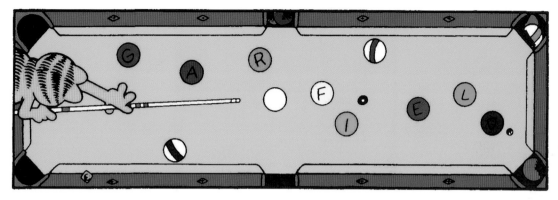

BRAVO!

C'EST ÉDIFIANT DE TE VOIR À L'ŒUVRE!

IL EST GRAND TEMPS QUE TU GAGNES TA PITANCE!

BRAVE CHAT! TIENS-LES À ŒIL!

MINOUCHE MINOUCHE MINOUCHE

TU AS DU TRÈFLE?

JE JOUE ATOUT!

JIM DAVIS 4-23

HUM... INTÉRESSANTE, CETTE LAITUE!

VOILÀ UNE PHRASE QUE L'ON N'ENTEND GUÈRE SOUVENT!

JE SUIS ÉPUISÉ!

J'AI AUTANT DE PEINE À ME TENIR ÉVEILLÉ...

QU'À TENIR QUELQU'UN D'AUTRE ÉVEILLÉ!

JE ME CACHE D'ODIE!

GLOU
GLOU
GLOU
GLOU

ODIE

GLOU
GLOU
GLOU

ODIE

BURRRRP

ODIE

LE CHIEN EST LE MEILLEUR AMI DE L'HOMME!

L'HOMME EST LE MEILLEUR AMI DU CHIEN!

VOUS NE MÉRITEZ PAS MIEUX!

Le réseau national non-violent...

est fier de présenter...

une corrida où les matadors lanceront des ballons d'eau!

JE N'OSE REGARDER!

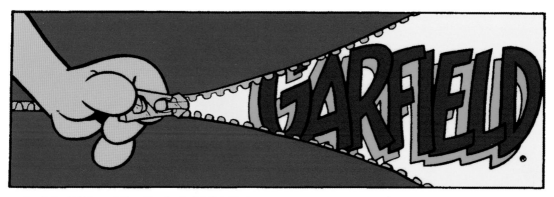

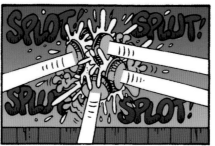

PRENDS UNE BOUCHÉE ET GOÛTE, GARFIELD!

ON DIRAIT DU RAGOÛT DE HYÈNE

C'EST DU RAGOÛT DE HYÈNE!

ALORS, POURQUOI N'AI-JE PAS ENVIE DE RIRE?

JIM DAVIS 5-24

UNE COLLATION!

JIM DAVIS 5-25

DES CROUSTILLES ET DES HIRONDELLES!

QU'AS-TU DANS CE SAC?

DES CROUSTILLES, POUR LA PLUPART!

Z

C'EST UNE JOURNÉE RADIEUSE AUJOURD'HUI!

VOILÀ UN OPTIMISME QUE J'AI HÂTE DE RÉPRIMER!

JIM DAVIS 5-26

N'AS-TU JAMAIS EU ENVIE DE TE LEVER ET DE COURIR À TOUTE ALLURE?

ÇA S'EST PRODUIT LA SEMAINE DERNIÈRE...

JE M'ÉTAIS ASSIS SUR UN FURET!

JIM DAVIS 5·27

BONSOIR MESDAMES ET MESSIEURS! JE... EUH...

N'ENGAGEZ JAMAIS UN CHIEN POUR TENIR VOS RÉPLIQUES!

JIM DAVIS

5·29

FLIP FLAP FLIP FLAP

FLIP FLAP FLIP FLAP

BONG!

JE VEUX CONNAÎTRE LE NOM DE CE PLACEUR!

JIM DAVIS

5·30

EN VENANT À LA CLÔTURE, CE SOIR, J'AI RENCONTRÉ UN CHIHUAHUA ET JE LUI AI DEMANDÉ DE ME PRÊTER CINQ DOLLARS

IL A RÉPONDU : "NAVRÉ! MAIS JE SUIS UN PEU À COURT!"

5-31

JE PLAISANTAIS, AMIS CHIHUAHAS! VOUS ÊTES UNE SUPERBE RACE DE RATS, EUH... DE CHIENS, ET JE VEUX VOUS DIRE...

JE SAIS POURQUOI VOUS NE COMPRENEZ PAS MES BLAGUES! VOUS ÊTES TROP VIEUX!

POURQUOI NE RENTREZ-VOUS PAS À L'HOSPICE? N'EST-IL PAS L'HEURE DE VOS PILULES?

BONG!

6-1

MAESTRO, JE VOUS PRIE!

HUM... DANS LE TON QUI ME CONVIENT

MERCI!

6-2

JIM DAVIS 5-28

Restez des nôtres...

pour "Comment déchirer des rideaux sans effort"!

LA TÉLÉ ÉDUCATIVE!

OH! NON!

UN AUTRE ANNIVERSAIRE M'ATTEND AU DÉTOUR!

COMMENT SE SENT-ON À 17 ANS, GARFIELD?

TRÈS BIEN!

CHAQUE JOUR, J'APPRENDS QUELQUE CHOSE DE NOUVEAU...

ET JE DÉSAPPRENDS DEUX OU TROIS CHOSES QUE JE SAVAIS!

LES GARS, VOYEZ CES FILLES!

J'AI CE QU'IL FAUT POUR LES IMPRESSIONNER...

DES PATINS À ROUES

IL S'AGIT D'UN TOURNANT MAJEUR DANS NOTRE DESTIN. ALLONS-Y!

YAAAAAAAA

LA RÉFÉRENCE AU DESTIN AURAIT DÛ ÉVEILLER MES SOUPÇONS...

CE SERAIT BIEN DE VOUS VOIR COOPÉRER!

J'AI COURU APRÈS!

JIM DAVIS 6-21

N'ABÎME PAS LE NOUVEAU CANAPÉ!

O.K.!

crac! BOUM! PROUF!

JIM DAVIS 6-22

TU AS TOUT DÉMOLI, SAUF LE CANAPÉ, PAS VRAI?

TOUT!

GARE AU CHIEN

ET À SON COPAIN

TROP, C'EST TROP!

M'SIEUR BLAIREAU

JIM DAVIS 6-23

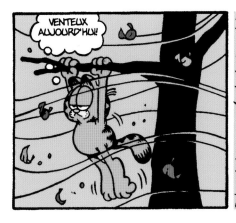

VOICI JON! JE SUIS SAUVÉ!

JIM DAVIS 7-1

B-D-D-D-D-D

MON HÉROS!

AUJOURD'HUI, NOUS ENTAMONS UN NOUVEAU ROULEAU D'ESSUIE-TOUT!

JIM DAVIS 7-3

HÉ! EST-CE QUE ÇA VA?

JE NE SAIS PAS, JON. J'AVAIS TANT ESPÉRÉ CE JOUR ET, À PRÉSENT QUE NOUS Y SOMMES, JE NE SAIS PLUS. J'IMAGINE QUE JE SUIS ATTEINT D'UNE DÉPRESSION POST ESSUIE-TOUT...

HÉ-HO! ME CHERCHES-TU?

TU AURAIS AVANTAGE À SORTIR ET À PRENDRE UN PEU DE SOLEIL!

JE VAIS SORTIR...

JIM DAVIS 7-4

MAIS JE REFUSE DE PRENDRE DU SOLEIL!

ODIE, VIENS ICI! ICI, ODIE!

GARFIELD, ODIE EST-IL DANS LA MAISON?

QUASIMENT!

TOUT M'APPARTIENT DANS CETTE MAISON!

FAITES-MOI UNE OFFRE!

LA VIE EST MORNE ET SANS INTÉRÊT...

TU TE RENDS COMPTE? DIX-SEPT ANS QUE JE N'AI PAS FAIT L'ÉPOUSSETAGE!

AHA

EUF

CLIC

BONG

CLIC

JIM DAVIS 7-9

C'EST LE WEEK-END ET TU SAIS CE QUE ÇA SIGNIFIE...

EN DEUX MOTS, GARFIELD...

"CACHE-CACHE"!

OUAH! MON APPLAUDIMÈTRE VIENT D'EXPLOSER!

JIM DAVIS 7-15

MON ONCLE ED ÉTAIT À CHEVAL SUR L'ÉTIQUETTE

JIM DAVIS 7-17

GARFIELD

"NE FAIS JAMAIS UN ROT SONORE", RÉPÉTAIT-IL SOUVENT

GARFIELD

PUIS UN JOUR, SA TÊTE A ÉCLATÉ!

GARFIELD

POUF!

JIM DAVIS 7-18

ATTENDS, VOIR... TU AS CHANGÉ DE COIFFURE, PAS VRAI?

NE SUIS-JE PAS TROP SOPHISTIQUÉ POUR MON PROPRE BIEN?

EXCELLENTE QUESTION!

DEMANDONS LEUR AVIS À TES PANTOUFLES JEANNOT LAPIN!

VIENS MANGER, GARFIELD!

THHHHHHUUUUCK!!!!

DIS DONC, TU EN A MIS DU TEMPS!

IL FAIT CHAUD ET J'ÉTAIS DANS LE FAUTEUIL DE VINYLE!

AUCUN INCIDENT DÉPLAISANT NE S'EST PRODUIT AUJOURD'HUI

SPLASH!

TU N'AVAIS QU'À DEMANDER!

VOUS AVEZ CLIGNÉ DES YEUX!

VOICI UNE BOÎTE VIDE, GARFIELD!

TU PEUX T'EN SERVIR POUR Y JOUER...

OU VIDER LE RÉFRIGÉRATEUR!

IL FAUDRAIT DES ROULETTES!

GARFIELD, NOUS SOMMES AU MILIEU DE LA NUIT!

QUE FAIS-TU DONC?!

QUELLE EST CETTE ODEUR?

UN HIBOU SUR LE BARBECUE!